CRUCIGR
ESPA

50 PUZZLES.
DIFERENTES TAMAÑOS.
+1000 PALABRAS.

PASATIEMPOS PARA TODOS
EN ESPAÑOL!

ÍNDICE.

GRACIAS POR ELEGIR ESTE LIBRO!!

El objetivo principal de este libro es: ¡Qué te diviertas!
Sin embargo, nuestro equipo es consciente de la importancia de estar mentalmente activo. Por ello, consideramos que este Libro de Crucigramas puede contribuir un poco a mejorar -o entrenar- algunas funciones cognitivas, como: Atención, orientación, agudeza mental, memoria, etc.

Para la mente, una sopa de letras, un crucigrama, es el equivalente a una mancuerna. Con el cerebro ocurre lo contrario que con las carreteras; Cuanto más se usa menos se desgasta (Portellano, 2014). Según (Rodríguez, 2018), los crucigramas, aportan algunos beneficios en la educación:
1) Ayuda a mejorar el conocimiento lingüístico.
2) Enseñar la ortografía correcta.
3) Ayuda a mejorar la concentración.
4) Mantiene el cerebro activo
Según esto, podemos extrapolar estas palabras a las funciones cognitivas, y sin duda, los crucigramas, sólo pueden aportarnos beneficios.

¿Estás listo para empezar?

ALGUNAS INFORMACIONES Y CONSIDERACIONES:

El crucigrama empezó como un pasatiempo en diciembre de 1913 cuando apareció en el suplemento dominical del New York World (USA; 1860-1931). El primer libro de crucigramas fue recopilado por los editores del suplemento y publicado en 1924. Con el tiempo fue adquiriendo características que le permitieron ser clasificado no sólo como entretenimiento, sino como herramienta didáctica que desarrolla habilidades que mejoran la capacidad de comprensión de las personas que acostumbran resolverlos.

Los crucigramas mejoran la retención de información y la atención, desarrollan habilidades y destrezas; y como pasatiempo promueven la concentración, el entretenimiento, la creatividad y la necesidad de estar informado en ámbitos tanto académicos como culturales, lo que conlleva al desarrollo de la inteligencia (Olivares, 2008)

Basados en una pista (definición), se debe de encontrar una palabra con un determinado número de letras o grupo de letras (Sílabas), según el idioma, indicado por la cantidad de casillas en blanco.

Cada respuesta se escribirá horizontalmente (de izquierda a derecha), horizontal-invertida (de derecha a izquierda), verticalmente (de arriba a abajo) o vertical-invertida (de abajo hacia arriba), según sea pedido.

Las líneas horizontales son llamadas también FILAS y las verticales llamadas COLUMNAS. (Castaño, 2018)

Debido al software con el que se han procesado los crucigramas está en idioma inglés, las COLUMNAS están representadas por **DOWN,** y las FILAS por **ACROSS**

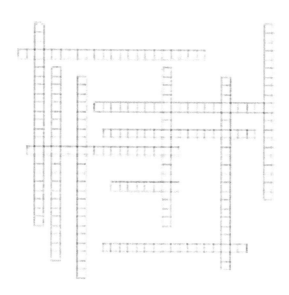

Fuente:

https://www.calameo.com/books/0067943457837571a9994

CRUCIGRAMAS!!!!

CRUCIGRAMA #1.

Across
1. Óxido cálcico.
2. Truncar.
3. Divino.
5. Indulgencia.
7. Contra.
9. Virtud de creer lo que no puede ser comprobado.
10. Casualidad.
11. Tira plana.
13. Taberna anglosajona.

Down
1. Tienen el mismo centro.
4. Vasija de la sopa.
6. Rodear.
7. Primero.
8. Inmueble.
10. Arteria mayor.
12. Confiar.

CRUCIGRAMA #2.

Down
1. Repugnante.
2. Fue.
3. Escritorio.
6. Rebaño.
7. Penado.
8. Seducir.
12. Un número múltiplo de dos.
13. Sonido de habla humana.
15. Dúo.
16. Lóbulo del oído.

Across
2. Desgaste por el roce.
3. Dos.
4. Labor de bolillo.
5. Intrigar.
7. Sobresalir.
9. Primero.
10. nota musical.
11. Escaso.
14. Parque zoológico.

CRUCIGRAMA #3.

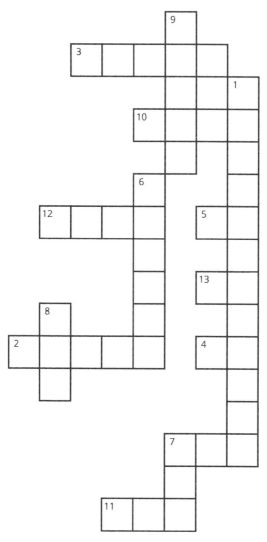

Across
2. Composición en alabanza a Dios.
3. Mercado.
4. Ahora.
5. El que habla.
7. Onda formada en el agua.
10. Objeto visto no identificado.
11. Tela de seda mate.
12. Alhaja.
13. Nota musical.

Down
1. Curación por el agua.
6. Cateto. Dícese de la persona rústica.
7. Mamífero úrsido.
8. Un número múltiplo de dos.
9. Agua congelada que cae en copos.

8

CRUCIGRAMA #4.

Down
1. Soldadura metálica por fundición.
2. Que tiende a vengar cualquier agravio o daño.
4. Tener por cierto.
9. Cubre entrepiernas.

Across
1. Primero.
3. Emplear o utilizar una cosa para algo. Hacer servir.
5. Virtud de creer lo que no puede ser comprobado.
6. Perro.
7. Dos.
8. Santo.
10. Negación.
11. Con imagen de circunferencia. Pieza de materia dura en forma de circunferencia.

9

CRUCIGRAMA #5.

Down
1. Relación funcional entre las dendritas de la célula nerviosa
5. Virtud de creer lo que no puede ser comprobado.
6. Arar por primera vez.
8. Establecimiento de enseñanza.
9. Liquidación.
10. El que habla.
12. Expresado.

Across
1. Astro rey del sistema solar.
2. Agotar.
3. Posición.
4. Causar deseo o apetito.
6. Nota musical.
7. Santo.
9. Que no paga lo que debe.
11. Primero.

CRUCIGRAMA #6.

Across
2. Nota musical.
3. Mamífero félido.
5. Vertebrado ovíparo con plumas.
7. Autobús.
9. Burla grosera e insultante.
12. Cara.
13. Máquina que eleva agua.
14. Ente individual.

Down
1. Sin tratamiento efectivo.
2. Innegable e indudable.
4. Confite pequeño. Tableta o píldora recubierta de una sustancia azucarada.
5. Primero.
6. Pieza de apoyo.
8. Dos.
10. Seguridad.
11. Deleite.

11

CRUCIGRAMA #7.

Down
2. Extremo afilado.
3. Acción de devolver.
4. Vasija ancha poco profunda.
5. Labio grueso.
6. Afianzamiento.
7. Olfatear.
8. Fragua.
10. Ahora.

Across
1. Delicadeza.
2. Río crecido.
3. Numeral que se aplica al conjunto de uno más uno.
6. Auxiliar.
9. Negación.
11. Nota musical.
12. Virtud de creer lo que no puede ser comprobado.
13. Emblema. Principio por el que rige su conducta una persona o comunidad.
14. Que va.
15. Dos.

12

CRUCIGRAMA #8.

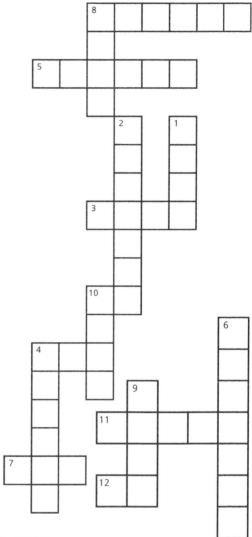

Across
3. Vale canjeable.
4. Pieza giratoria.
5. Prisión.
7. Indignación.
8. Cortesía.
10. Primero.
11. Defecto en una tabla o madero.
12. Dos.

Down
1. Mono pequeño de cola larga.
2. Transporte para viajeros.
4. Acción y efecto de esperar o aguardar.
6. Desprevenido. Falto de cautela.
8. Traje femenino usado en la India y tela de que está hecho.
9. Apenas. Aproximadamente.
10. Que profesa el ateísmo. Sin Dios.

CRUCIGRAMA #9.

Across
1. Suplicio.
4. Poner al fuego.
5. Amanecer. Luces del amanecer.
6. Nota musical.
8. El que habla.
9. Dos.
10. Cuarta nota de la escala musical.

Down
2. Mueve compasión.
3. Cantar la rana.
4. Líquido (H2O).
5. Vertebrado ovíparo con plumas.
7. Que va.
8. Ahora.

14

CRUCIGRAMA #10.

Across

2. Maquinar
5. Vasija metálica.
6. Peñasco escarpado.
9. Que se dobla sin romperse. Que se puede doblar.
10. Nombre de la letra f.
12. Cuarta nota de la escala musical.
13. negación.
14. Mango de algunas herramientas. Mango de madera.
15. Que va.
16. El que habla.

Down

1. Plantear
3. Retiro.
4. Animales que ponen huevos.
6. Nota musical.
7. Hacer boicoteo.
8. Punto cardinal opuesto al norte.
11. Engaño.

CRUCIGRAMA #11.

Across
1. Col.
3. Agarradero.
4. Amanecer. Luces del amanecer.
5. Acción de ir de un sitio a otro. Regreso.
6. Desembocadura de un río.
7. Cuarta nota de la escala musical.
9. Persona que lleva los instrumentos de juego en el deporte del golf.
12. Ahora.
13. Virtud de creer lo que no puede ser comprobado.

Down
1. Digestion Lenta
2. Descuidar.
4. Vertebrado ovíparo con plumas.
5. Elevar.
8. Que va.
10. Conjunto de elementos de un mismo origen.
11. Taberna anglosajona.

16

CRUCIGRAMA #12.

Across
1. Rivalizar
6. Ahora.
8. Indignación.
9. Perturbado.
10. Salida de un astro.
11. Átomo u otra partícula con carga eléctrica positiva (catión) o negativa (anión).
12. Manzana.
13. Conjunto de partículas que integran la materia.

Down
2. Que vive a expensas de los demás.
3. Sin sal.
4. Autor oculto.
5. Culto a sí mismo.
7. Unidad de potencia eléctrica.
9. Magnetiza.
14. Nota musical.

CRUCIGRAMA #13.

Down

1. Motor que hace girar las hélices.
2. Que no tiene sabor.
3. Reunir y combinar.
4. Holgazán.
5. Desempeña un papel. Rollo.
6. Cerca.
7. Sustituye a un superior.

Across

1. Emisión electromagnética de Roentgem.
4. Aerostato. Cuerpo esférico y elástico.
5. Animal cuadrúpedo.
7. Percibir imágenes.
8. Fruto de la vid. Es una baya jugosa
9. Blanco.

CRUCIGRAMA #14.

19

Across
1. Bulbo para guisos.
2. Convenio.
3. Palabra en uso figurado.
5. Millar.
7. Alabanza.
9. Parque zoológico.
10. Hacer boicoteo.
11. Cervical.
12. Antiguo soberano de Rusia.
13. Grasa.
14. Arbusto vitáceo sarmentoso de la uva.

Down
1. Que asocia.
4. Deseoso.
6. Parte lateral de la frente.
7. Signatura gráfica comercial.
8. Piel de la cara.
10. Nombre común de diversas especies de serpientes no venenosas de gran tamaño.

CRUCIGRAMA #15.

Across
2. Elemento para volar.
4. Árbol meliáceo útil en ebanistería.
5. Planta crucífera con tubérculo.
6. Remorder objetos.
8. Instrumento para cavar.
10. Traje femenino usado en la India y tela de que está hecho.
11. La madre tierra.
12. Concordia. Tranquilidad y sosiego del ánimo.

Down
1. Reparte Cartas.
2. Luz envolvente.
3. Homenaje.
4. Asignación.
7. Amanecer. Luces del amanecer.
8. Afecto íntimo.
9. Atreverse.

CRUCIGRAMA #16.

Across
2. Bebida alcoholica fermenada de la melaza.
3. Agua salada infinita.
5. Tercera ciudad de Marruecos
6. Natural de la Iberia europea (España y Portugal)
7. Creencias de una religion.
10. Segunda nota musical.
11. Dos.
12. Piezas planas y delgadas de metal.
13. Gloria o buena reputacion.

Down
1. Vuelta y revuelta. Rincon escondido.
2. Que recurre.
3. Mentiroso.
4. Vientre.
8. Obra impresa en series de hojas de papel.
9. Primer pronombre personal.
14. Perro.

CRUCIGRAMA #17.

Down
1. Acción y efecto de gobernar.
2. Manotada.
3. Destinar.
4. Intestino.
5. Embuste.
7. Híbrido de asno y caballo.
13. El que habla.

Across
1. Correr al galope.
6. Sistema de lentes para distancias focales distintas.
8. Doce meses.
9. Infusion.
10. Término genérico del lenguaje común con el que se denomina a diversas especies de ánsares y barnaclas.
11. Nombre común de un mamífero rumiante domesticable de pelo largo y sedoso.
12. Lugar de deliberación.
14. Papa no-canónigo.

22

CRUCIGRAMA #18.

Across
3. Expresa afirmacion.
4. Cosa hecha o producida por un agente.
6. Animal hibrido esteril entre yegua y burro.
7. Negacion.
9. Leña o carbon encendidos por total incandescencia.
11. Perro.
13. Moverse de un lugar a otro apartado del hablante.
14. Perdida grande de los bienes.

Down
1. Color purpura o violeta.
2. Arborizar.
3. Dar sabor y gusto a algo.
5. Depresion que deja un objeto al hendir a otro.
8. Acumulacion excesiva de grasa perjudicial.
10. Costoso.
12. Absceso.

CRUCIGRAMA #19.

Across
1. Novillo menor de dos años.
3. Contracción de la preposición de y el artículo el.
5. Primero.
7. Unidad de información equivalente a una probabilidad de aparición del 50 por ciento.
8. Ave apterigiforme.
9. Parida de juego.
10. Berza crucífera.
11. Abrir surcos con arado. Labrar la tierra con el arado.
13. Negación.

Down
2. Que consta de codo o ángulo.
4. Despreciable.
5. Imitar o producir un ruido semejante al de los atabales.
6. Cuaderno.
10. Encuentro.
12. Olfatear.

24

CRUCIGRAMA #20.

Across

1. Ser inteligente.
3. Ladrillo de barro y paja.
4. Que va.
6. Situado.
7. Nombre común de un mamífero rumiante domesticable de pelo largo y sedoso.
8. Hacer asonancia o convenir un sonido con otro.
9. Pared o tapia. Tapia.
10. Millar.

Down

1. Pasar.
2. Abultado.
3. Un apunte.
5. Nota musical.
6. Saludable.
11. Con la que nadan los peces.

CRUCIGRAMA #21.

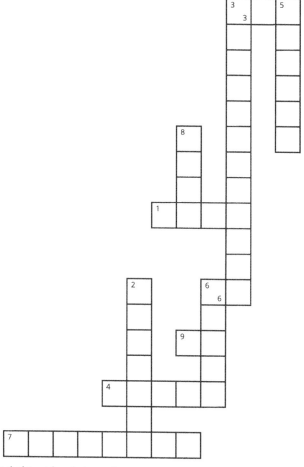

Across
1. Fibra natural obtenidas de los ovinos.
3. Electrorretinografia (termino en medicina)
4. Conyuge femenino del hijo o de la hija de una persona.
6. Conjunto de creencias de una religion.
7. Da Vinci
9. Nota musical.

Down
2. Poner algo o a alguien dentro de una cosa.
3. Abstraerse.
5. Mohandas Karamchad.
6. Quehacer. Matar reses.
8. Burla grosera.

CRUCIGRAMA #22.

Across

2. Presunto inculpado.
3. Dañar.
4. Primero.
6. Casa pequeña de campo.
7. Que carece.
8. Penado.
9. Escuchar.
12. Sonido de habla humana.
13. Nombre de la letra l.
14. Pierna larga y delgada. Pierna larga.
15. La madre tierra.

Down

1. Barco de dos palos.
2. Versado en idiomas.
3. Caza con halcones.
4. Vertebrado ovíparo con plumas.
5. Poseer.
6. Grupo social.
10. Que carece de humedad.
11. El que habla.

27

CRUCIGRAMA #23.

Across
3. Cubremesa.
4. Reproducir.
5. Bebedero de las fuentes.
6. Onda formada en el agua.
8. Ahora.
9. Dueño.
11. Perturbado.
14. Concentrado.

Down
1. Materializar.
2. Escarnio.
7. Nombre común de diversas especies venenosas de reptiles ofidios de una misma familia..
9. En este lugar.
10. Billete impreso.
12. Meteorito.
13. Punto cardinal opuesto al norte.

CRUCIGRAMA #24.

Across
4. En lugar o puesto superior.
6. Tener amor a alguien.
7. Agrandamiento de las tiroides.
8. Cuantificador comparativo que denota superioridad.
9. Percibir con los ojos algo mediante la accion de la luz.
11. Ciecia que estudia la correccion de los pensamientos.
13. Ciudad de Marruecos.

Down
1. Guante sin separacion excepto el pulgar.
2. Prenda emblematica de la antigua Roma.
3. Relativo a la sinapsis.
5. Vituperar o reprobar severamente.
10. Ancestro de gandoeuroasiatico.
12. Radiacion electromagnetica percibida por el ojo

CRUCIGRAMA #25.

Across
1. Angulo de la orientacion sobre la superficie de una esfera.
2. Del pueblo semitico.
4. Almidon de la mandioca a partir de la raiz de la yuca o mandioca.
5. Porcion central del huevo en los oviparos.
9. Moderadamente fria.
10. Astro Rey.
12. Composicion lirica en estrofas de tono elevado que ensalza a alguien.

Down
1. Muy antiguo o anticuado.
3. Quemar algo por la parte posterior.
6. Punta prominente de un monte.
7. Respetar a alguien.
8. Orilla del paño tejido en piezas.
11. Gana y necesidad de beber.
12. Distinto de aquello de que se habla

CRUCIGRAMA #26.

Across
1. Planta umbelifera.
2. Reducido a grano.
3. Curva plana cerrada oval.
4. Mamífero carnívoro félido.
8. Troquelar.
10. Piel de la cara.
13. Un número múltiplo de dos.
14. Cuarta nota de la escala musical.
15. Unidad de iluminación.

Down
2. Cortesía.
5. Vía pública. Vía urbana.
6. Astucia.
7. Aflicción por el difunto.
9. Nombre común de diversas especies de mamíferos roedores.
11. Millón.
12. Acción y efecto de gobernar.

CRUCIGRAMA #27.

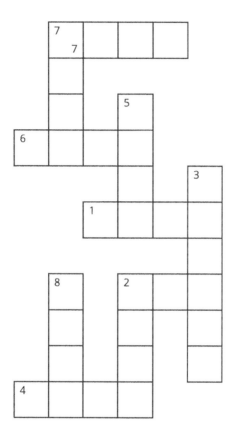

Across
1. Nalgas del animal.
2. Vertebrado ovíparo con plumas.
4. Arma blanca corta.
6. Título ingles de nobleza.
7. Estafa.

Down
2. Sala de enseñanza.
3. Manojo de hilo.
5. Paraíso.
7. Modelo.
8. Tema musical de una voz.

CRUCIGRAMA #28.

Across
1. Fulleria jugando naipes.
2. Encargo de generos hecho a un fabricante o vendedor.
4. Onomatopeya para imitar sonido que se quiebra. Caida intensa de mercados.
5. Corte que se hace como señal.
7. Dicho del miedo o del terror.
8. Nombre de la M.
9. Negacion.
11. Carta mas alta.

Down
1. Longitud de 20 centimetros.
3. Discriminacion sexista de hombres a mujeres.
6. Actividades que se realizan bajo el mar.
10. Primer pronombre.

CRUCIGRAMA #29.

Across
3. Corto de vista.
4. Caldo alimenticio.
5. Lobo mejicano.
6. Cubre los hombros.
7. Saque de esquina.
8. Terreno de habas.
9. Con movimiento.
10. Beneficio que percibe el que atiende un garito. Concubina.

Down
1. Bramido de becerro.
2. De ilustre nacimiento. Persona de noble linaje.
4. Pita.
5. Rodear.
10. Capirote.
11. Mamífero cánido parecido al perro.
12. Filósofo alemán.
13. Cuarta nota de la escala musical.
14. Nombre común de un mamífero rumiante domesticable de pelo largo y sedoso.

34

CRUCIGRAMA #30.

Across
1. Pala de madera para impulsarse.
2. Polo Ártico. Punto cardinal que señala el polo ártico.
5. Gigante mitológico que sostiene el mundo.
7. Santón hindú.
8. Sexta nota de la escala musical.
10. Nube de restos de combustión.
11. Contracción muscular involuntaria.
12. Nota musical.

Down
1. Sujetar a reglas.
3. Parte de alimento que le corresponde.
4. Carbón mineral prensado.
5. Mostrarse arisco.
6. Estado o condición de un pupilo.
9. Término genérico del lenguaje común con el que se denomina a diversas especies de ánsares y barnaclas.

CRUCIGRAMA #31.

Across

2. Grupo pequeño de ganado.
3. Onda de gran amplitud que se forma en las aguas.
4. Sindrome en la que el afectado tiene un cromosoma adicional o parte del mismo.
6. Categoria de grupo social humano.
7. Tierra de cultivo.
8. Acto mas elevado de toda la iglesia.
9. Se comporta de modo inhabitual.
10. Binary Digit. Unidad minima de informacion.

Down

36

1. Estructura geologica por la que emerge el magma.
5. Interjeccion usada para despedirse.
7. Alimento por harina no cernida de cereales tostados (trigo o maiz).
8. Cociente entre velocidad de un objeto y la velocidad del sonido del medio en que se mueve.
11. cenefa.

CRUCIGRAMA #32.

Across
2. Vida u organismo vivo.
3. Medida inglesa de superficie que equivale a 40 areas y 47 centiareas.
4. Tronco del cuerpo humano.
7. Conjunto de creencias de una religion.

Down
1. Relativo al Apocalipsis.
5. Cuarta nota musical.
6. Agresion grave a la autoridad u ofensa a un principio. Agresion a la vida o integridad total.

CRUCIGRAMA #33.

Across
1. Sitio cubierto de peñascos.
3. Mamifero carnivoro semejante a la nutria.
4. Cuarta nota de la escala musical.
6. Simbolo del elemento hierro.
7. Emperador de Rusia.

Down
1. Anterior al dominio de los antiguos romanos.
2. Que se abstiene de todo goce sexual. No posee sensualidad.
5. Ocultar el azul del cielo o la luz del astro (sol o luna). Oscurecer.

CRUCIGRAMA #34.

Across
2. Cruel.
5. Defecto en una tabla o madero.
6. Que no tiene lo necesario para vivir desahogadamente. Sin recursos.
7. Campo después de segar.
8. Tela de seda mate.
11. Ente.

Down
1. Perfecto. Que tiene belleza.
3. Querer hablar y no poder por llenarse de palabras.
4. Alguien que tarda en comprender. Torpe.
7. Penado.
9. Alquilar un barco o avión para transporte de cosas o personas. Contratar una nave.
10. Vela grande.
12. Dueño.

39

CRUCIGRAMA #35.

Across
1. Millar.
3. Retribución.
5. Hembra del oso.
6. Lo mismo.
7. Unidad de información equivalente a una probabilidad de aparición del 50 por ciento (0 o 1).
8. Dos.
9. Animal cuadrúpedo.
10. Amanecer. Luces del amanecer.
11. Garrotazo. Golpe violento.
14. Onda formada en el agua.
15. Cuarta nota de la escala musical.

Down
1. Grasa separada de la leche. Manteca o nata de la leche.
2. Asaltar. Llegar o arrimar a tierra una embarcación.
4. Hablarse de tu.
5. Nombre internacional del ohmio.
6. Imagen.
7. Nombre común de diversas especies de serpientes no venenosas de gran tamaño.
10. De esta manera.
12. Gana de beber.
13. Mayor cantidad.

40

CRUCIGRAMA #36.

Across

2. Sistema filosófico chino que data de siglo cuarto.
3. Cubierta de lona para hacer sombra.
4. Berza crucífera.
5. De arrastrar. Destartalado.
6. Delante de.
7. Que se halla en la cima o parte alta.
8. Caballo pequeño.
10. Especulación que se realiza negociando con el cambio de moneda o con los valores en la bolsa.
11. Composición lírica.
12. Abrir surcos con arado. Labrar la tierra con el arado.
13. Sexta nota de la escala musical.

Down

1. Representación mental de una cosa.
2. Baile de origen argentino de compás lento. Baile de origen argentino.
3. Orden de los trapenses.
4. Trabaja la madera.
7. Caparazón.
9. Suelto.
12. Bulbo para guisos.
14. Descanso.

41

CRUCIGRAMA #37.

Across

2. Tomar o coger con la mano. La planta arraiga en la tierra.
3. Guitarra pequeña de voces muy agudas.
4. Dar azotes a alguien.
5. Carta mas alta.
8. Expresar la necesidad o deseo de algo a alguien para que lo cumpla.
10. Gana y necesidad de beber.
11. Accion de ir de un lugar a otro.
12. Saliva espesa y abundante que fluye de la boca.
14. Raza de perro inglesa exclusiva.

Down

1. Relativo a la hipnosis. Asombrar a alguien.
5. Chura. Viscera comestible de una res.
6. Simbolo del elemento Hierro.
7. Resina gomosa amarilla que exuda el arbol Commiphora Myrrha.
9. Empelado que esta al cuidado de la via en una empresa de ferrocarril.
13. Menor distancia entre el centro y cualquiera de sus lados.
15. Segunda nota de la escala musical.

CRUCIGRAMA #38.

Across
3. Proporcionar.
4. Batintín.
7. Patada de animal.
8. Canal.
9. Santo.
10. Del pelo de oveja.
11. El que habla.
12. Árbol juglandáceo frutal de nueces. Su fruto es la nuez (Junglans regia).
13. Ente.
14. Sutil.

Down
1. Porcion del cable del ancla preparada sobre la cubierta para fondear.
2. Aludir ligeramente.
3. Negar solicitud. No conceder lo que se pide.
5. Que emite aromas.
6. Fragancia. Olor muy agradable.
7. Berza crucífera.

CRUCIGRAMA #39.

Across
1. Mar.
3. Inactivo.
4. Sustancia nitrogenada de la orina.
6. Flequillo levantado.
7. Caso o materia a tratar.
10. Dueño.
12. Extensa acumulación arenosa formada por un conjunto de dunas.

Down
1. Hospital de enfermos mentales.
2. Cada una de las doce partes en que se divide un todo.
5. Igual.
6. Piedra caliza porosa.
8. Filósofo alemán.
9. Asno.
10. Atontar.
11. Pieza giratoria.

CRICIGRAMA #40.

Across
3. Canto con que se arrulla a los niños. Abuela.
4. Segunda nota de la escala musical.
5. Halogenos. Grupo 17 de la Tabla Periodica.
6. Tripa delgada. Hebra sacada de un trapo de lienzo.

Down
1. Digno de interes.
2. Ave paseriforme propia de Sudamerica.

CRUCIGRAMA #41.

Down
1. Hueso no pareado que cubre la parte posterior de la cabeza.
2. Este (punto cardinal).
6. Objetivo construido para obtener imágenes similares a un objetivo de gran longitud.
7. Apocope de Mama.

Across
1. De acuerdo.
3. Proveer a alguien del alimento o cosa necesaria. Conservar algo en su ser.
4. Profesional.
5. Unico.
8. Sistema de numeracion posicional cuya base es igual a 8.
9. Segunda nota de la escala musical.
10. Forma basica de saluda.
11. Capital de España.

CRUCIGRAMA #42.

Across
1. Igualdad en la altura de las cosas. Rasante.
3. Perturbado.
5. Arbusto vitáceo sarmentoso de la uva.
6. Extensa acumulación arenosa formada por un conjunto de dunas.
8. Millar.
9. Ente.
10. Acción y efecto de domar potros y animales salvajes.

Down
1. Cobrar nuevo verdor.
2. Divinidad. Ser divino o esencia divina.
4. Cien años.
7. Cuida a un niño.
8. Juego de naipes.

CRUCIGRAMA #43.

Down

1. Parte interior y superior de un edificio o habitación.
2. Masa de trigo cocida con levadura.
3. Islamismo. Pueblos de la fe de Mahoma.
5. Palillo para hacer encajes.
6. Bobo.
7. Que consta de codo o ángulo.

Across

2. Excavación en vertical y estrecha.
4. Ganadora de un concurso de belleza.
7. Grupo social.
8. Pieza giratoria.
9. Rasgo semántico distintivo que diferencia una palabra de otra en un determinado campo semántico.
10. El día en que estamos. El día presente.
11. Dueño.

CRUCIGRAMA #44.

Across
3. Mamífero bóvido ovino.
4. Dueño.
6. Cuba grande.
7. Estación del año que hace mucho calor.
8. Agarradero.
11. Tercera nota de la escala musical.
13. Nota musical.
14. Virtud de creer lo que no puede ser comprobado.

Down
1. Estático.
2. Ayudar.
3. Mamífero carnívoro mustélido.
5. Dispositivo de propulsión.
9. Sorteo de una cosa entre varios. Sorteo.
10. Composición lírica.
12. Arteria mayor.

49

CRUCIGRAMA #45.

Across

2. Agua en estado solido.
4. Region arenosa del desierto.
5. Dueño.
6. Mercado publico. Tienda donde se venden productos variados.
9. Persona encargada de la educacion de los niños en las Casas Grandes.
12. Salida o aparicion del Sol o de otro astro por el horizonte.
13. Articulo definido femenino singular.

Down

1. Persona que tiene perturbada la razon.
3. Beso de respeto o afecto.
4. Barra o pieza similar que atraviesa un cuerpo giratorio y es sosten de movimiento.
5. Carta mas alta.
7. Red formada por varios filamentos nerviosos y vasculares.
8. Primer mes del año.
10. Emperador ruso.
11. Onda de gran amplitud que se forma en las superficies de las aguas.

50

CRUCIGRAMA #46.

Across

2. De salir.

3. Pedazo de piedra sin labrar.

4. Tejido de malla poligonal.

5. Filósofo alemán.

6. Astro rey del sistema solar.

8. Príncipe árabe.

11. Bahía.

12. Ahora.

Down

1. Llorera.

4. Día despues de la boda.

7. Pieza superior de las cajas.

8. Beneficio que percibe el que atiende un garito. Concubina.

9. Desorden.

10. Animal de mal aspecto.

13. Carril. Vía férrea.

14. Virtud de creer lo que no puede ser comprobado.

15. Insaciable apetito.

CRUCIGRAMA #47.

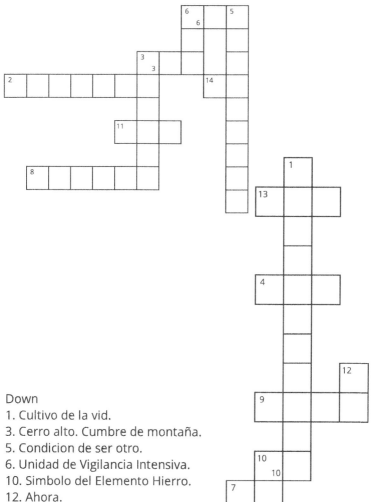

Down

1. Cultivo de la vid.
3. Cerro alto. Cumbre de montaña.
5. Condicion de ser otro.
6. Unidad de Vigilancia Intensiva.
10. Simbolo del Elemento Hierro.
12. Ahora.

52

Across

2. Cuenta en donde se detallan los precios de lo vendido. Bollo o bizcocho que se venden.
3. Comité Olimpico Internacional.
4. Repeticion de un sonido al ser reflejadas sus ondas por un obstaculo.
6. Estados Unidos de America.
7. Segunda Nota de la Escala Musical.
8. Asiento contable creado para indicar ya sea un aumento de activos o disminucion de pasivos.
9. Instrumento optico con una lente convergente de corta distancia focal.
10. Cuarta nota de la escala musical.
11. Desperdicio liquido que se deposita en el fondo de las cubas. Lo mas vil y despreciable.
13. Hombre fuerte y muy valeroso.
14. Bebida infusion.

CRUCIGRAMA #48.

Across
2. Cuarta nota de la escala musical.
4. Lugar poblado de abetos.
6. Dirección e navegación.
7. Arbusto vitáceo sarmentoso de la uva.
8. Periodo de 24 horas.
9. Precepto.

Down
1. Sucesion. Numeracion de unidad.
2. Inflamación de las venas. Inflamación de una vena.
3. Relativo a los iones.
4. Figura o signo en forma de X. Forma cruzada.
5. Ahora.
6. Desempeña un papel. Rollo.

53

CRUCIGRAMA #49.

Across
1. De dejar.
3. Paseo con andén central con árboles.
4. Pared o tapia. Tapia.
6. Agregar.
7. Virtud de creer lo que no puede ser comprobado.
8. Masticar.
9. Percibir imágenes.
10. Dos.
12. Hundir.

Down
1. Oponente.
2. Corva.
4. Juego de naipes.
5. Lobato.
6. Líquido (H2O).
9. Arbusto vitáceo sarmentoso de la uva.
11. Momento angular de una partícula subatómica.

54

CRUCIGRAMA #50.

Across
2. Taberna.
3. Igual.
4. Nombre de la letra L.
5. Perteneciente o relativo al nacimiento.
6. Bulbo para guisos.
7. Sodio.
9. Sulfato de cal hidratada.
10. Cualquier fluido cuyas moléculas tienen una fuerza cohesiva prácticamente nula. Fluido gaseoso.
11. Onda formada en el agua.
12. Apoyo o fundamento en que descansa una cosa. Fundamento.
13. Espacio de tiempo.

Down
1. Creencia relativa a la venida del Mesias.
3. Sustancias colorantes.
4. Ente individual.
6. Anteriormente.
8. Relativo a la teoría.
9. Ahora.
14. Vasija que prepara y sirve el té.

SOLUCIONES!!!

(LAS SOLUCIONES SE AGRUPARON DE A 4, O
DE A 2 POR PÁGINA).

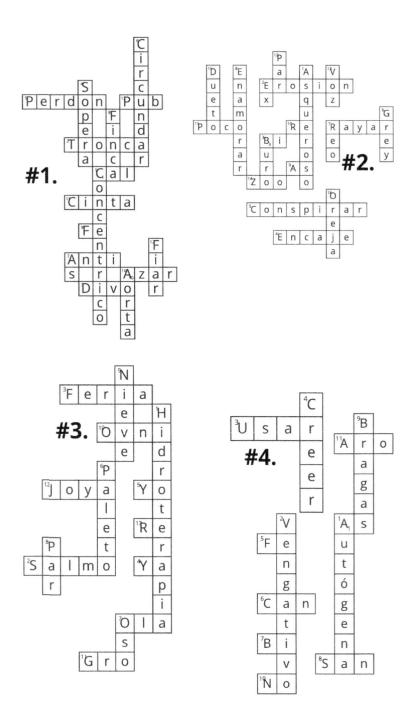

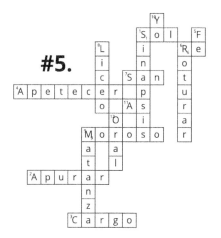

#5.

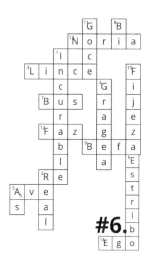

#6.

#7.

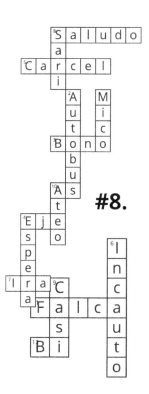

#8.

58

#9.

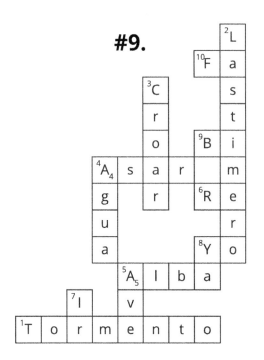

#10.

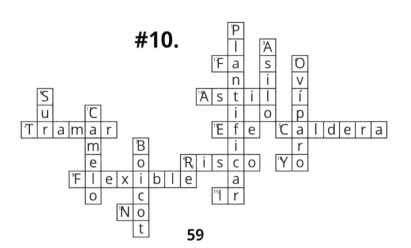

59

#11.

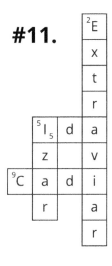
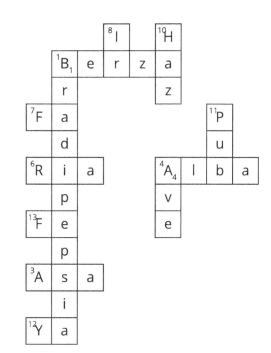

#12.

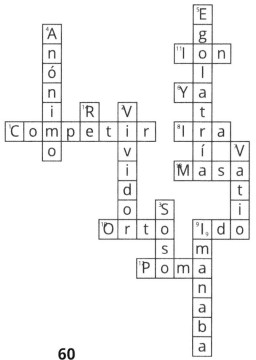

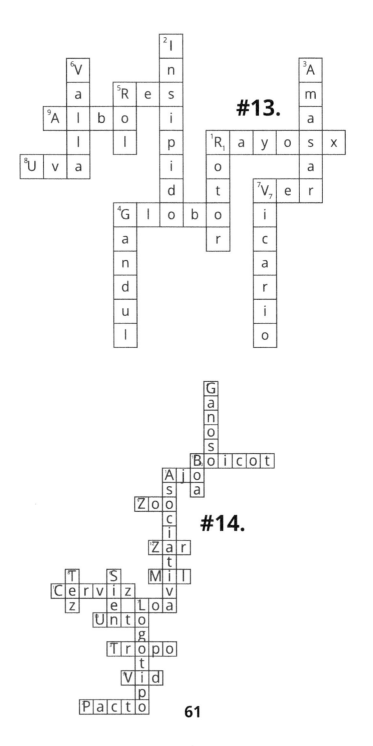

#15.

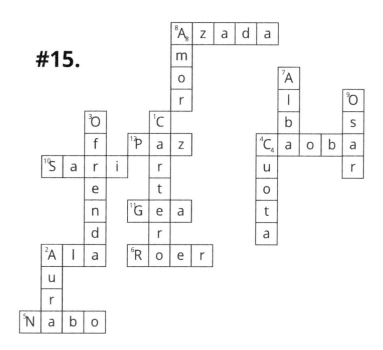

#16.

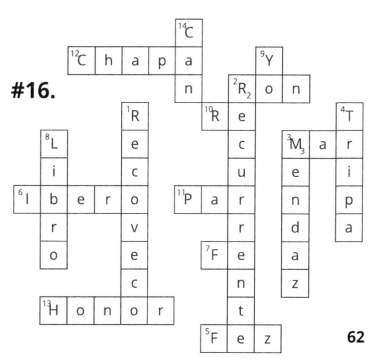

62

#17.

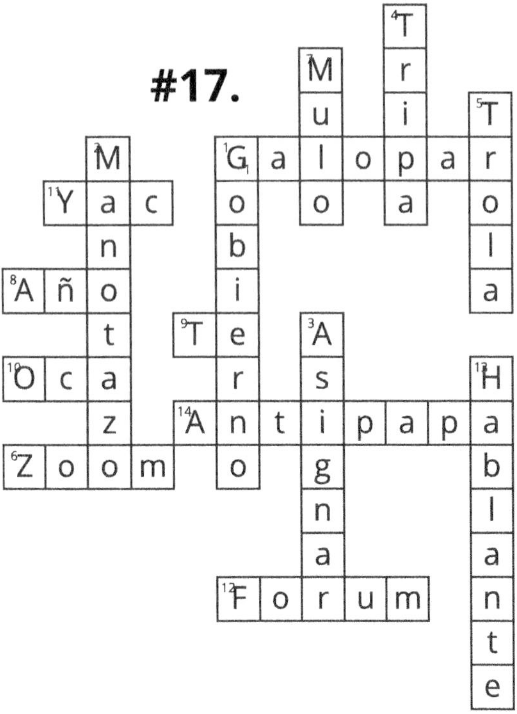
1 Galopar
1 Gobierno
2 Manotazo
3 Mulo
3 Asigna
4 Tripa
5 Trola
6 Zoom
8 Año
9 Te
10 Oca
11 Yac
12 Forum
13 Hablante
14 Antipapa

#18.

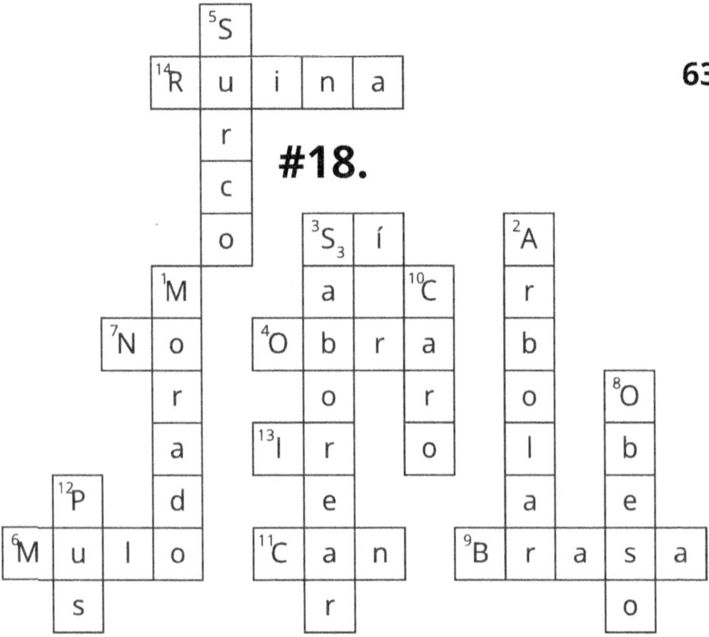
5 Surco
14 Ruina
3 Sí
3 Saborear
10 Caro
2 Arbolar
1 Morado
7 No
4 Obra
8 Obeso
13 Ir
12 Pus
6 Mulo
11 Can
9 Brasa

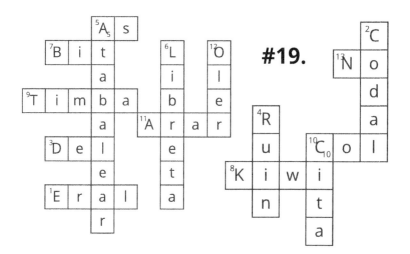

#19.

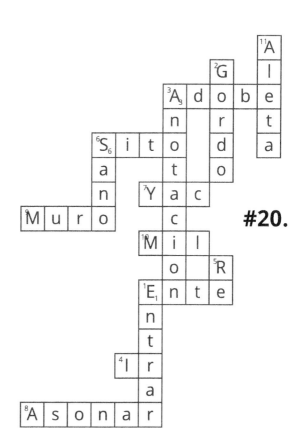

#20.

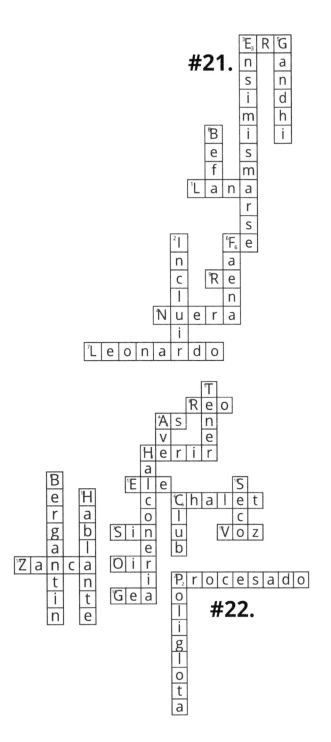

#21.

#22.

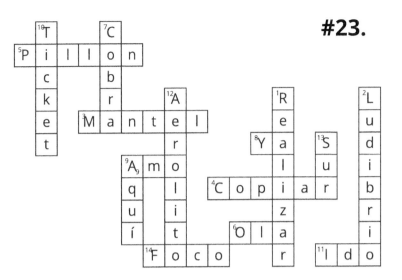

#23.

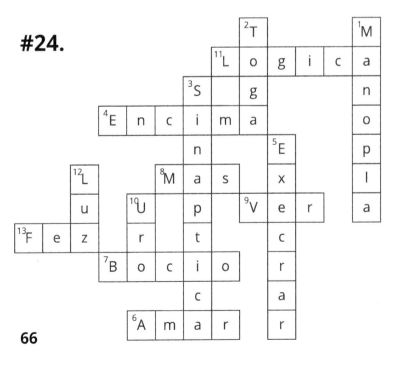

#24.

#25.

#26.

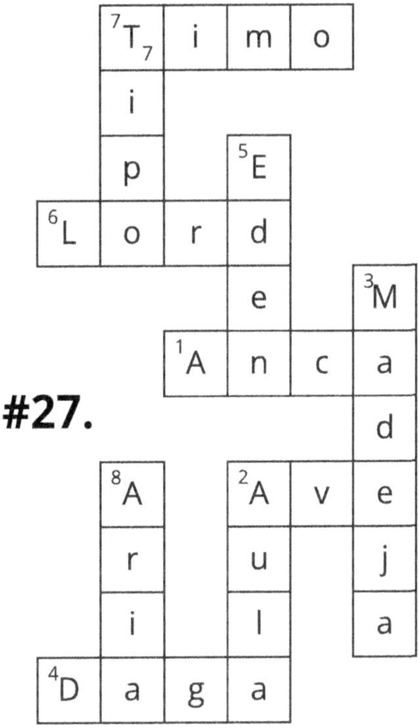
#27.
Timo
Tipo
Lord
Eden
Madeja
Anca
Aria
Ave
Aula
Daga

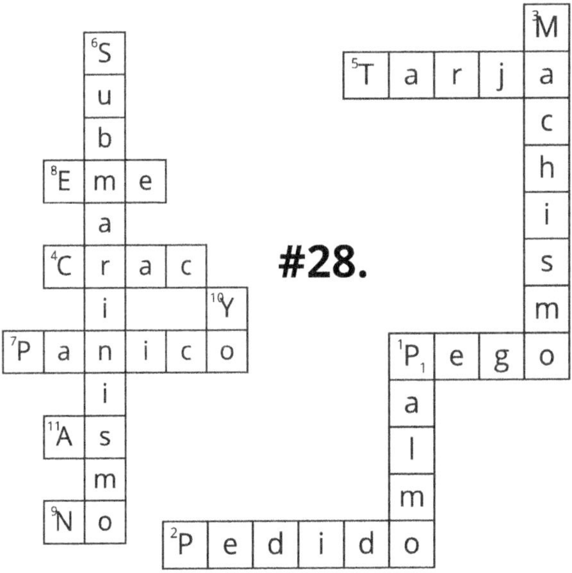
#28.
Submarinismo
Eme
Crac
Yo
Panico
As
No
Machismo
Tarja
Pego
Palmo
Pedido

#29.

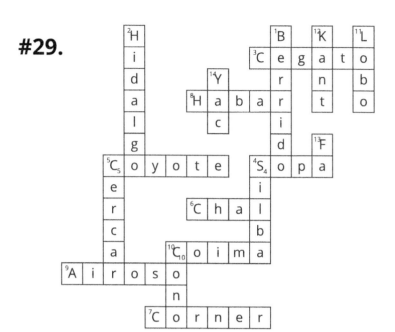

#30.

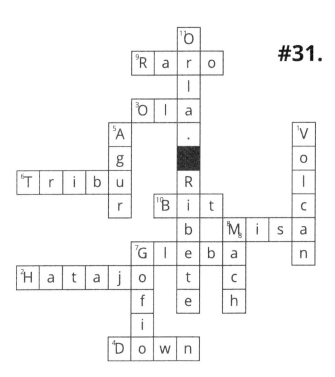

#31.

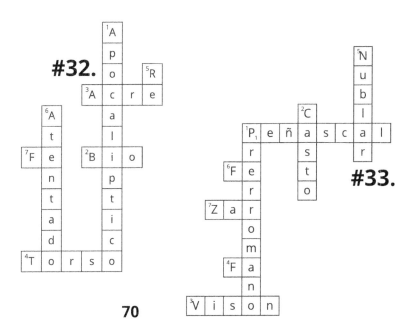

#32.

#33.

#34.

#35.

71

#36.

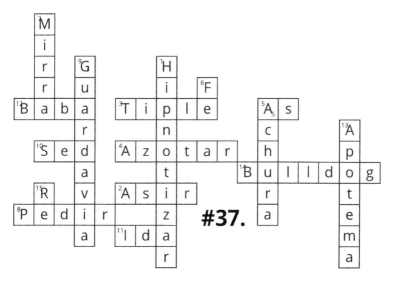

#37.

#38.

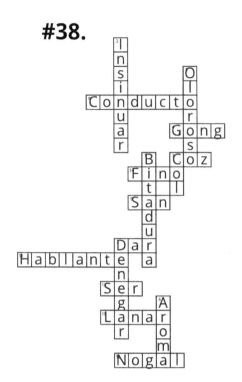

#39.

73

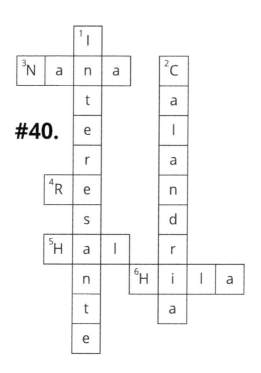

#40.

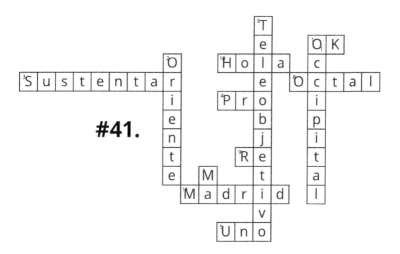

#41.

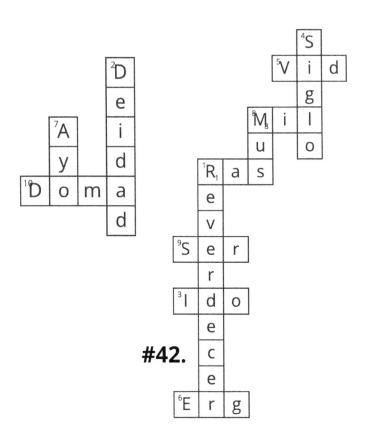

#42.

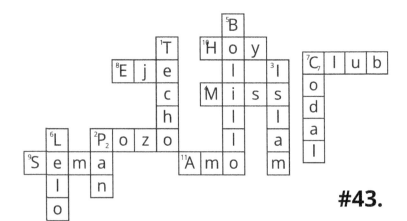

#43.

#44.

#45.

#46.

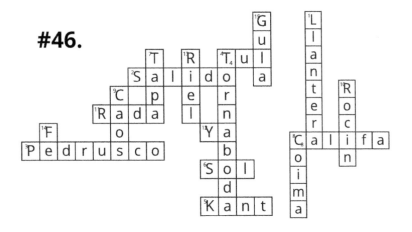

#47.

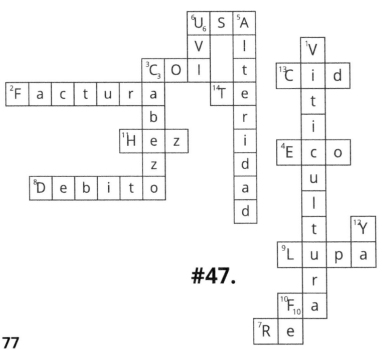

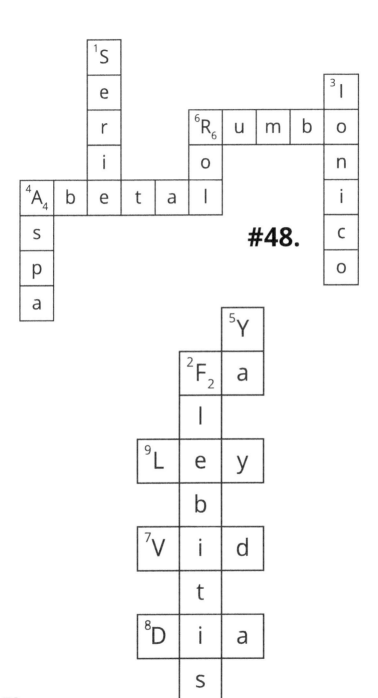

#48.

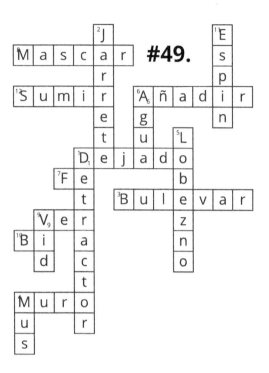

#49.

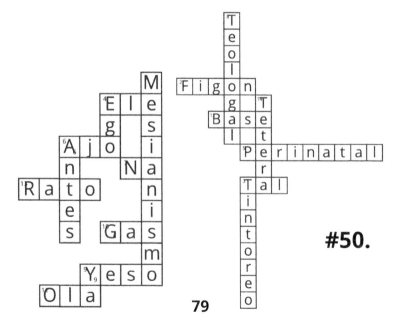

#50.

Thank You
For your order

Your feedback will
undoubtedly help us to
continue creating, improving
our books to provide you
with greater value. Please
consider leaving us a review.
It will be very important for
us.

Scan Me!!

REFERENCIAS BIBLIOGRÁFICAS.

1) Castaño, O. (2018). Mentes en Blanco. Obtenido de https://mentesenblanco-razonamientoabstracto.com/crucigramas.html

2) Olivares, J. C. (2008). Los Crucigramas en el Aprendizaje del Electromagnetismo. Revista Eureka sobre Enseñanza y Divulgación de la Ciencia., 336,337.

3) Portellano, J. A. (12 de Agosto de 2014). efesalud.com. Obtenido de https://efesalud.com/pasatiempos-puzzles-para-el-cerebro/

4) Rodríguez, R. (2018). Los Materiales Educativos. Obtenido de https://losmaterialeseducativos.com/sopa-de-letras-del-abecedario%F0%9F%94%A0/

Printed in Great Britain
by Amazon